CÓMO USAR ESTE DIARIO DE GRATITUD

TOMA 5 MINUTOS DIARIOS PARA COMPLETAR UNA PÁGINA CON RESPUESTAS QUE TE INSPIREN Y GENEREN ALEGRÍA. RECUERDA COMPLETAR LA ÚLTIMA PREGUNTA AL FINAL DEL DÍA.

L M M J V S D   FECHA: ___/___/___

AGRADEZCO POR

1. _____
2. _____
3. _____

ALGUIEN ESPECIAL PARA MÍ Y POR QUÉ

_____

ME SIENTO ☐ 😀 ☐ 🙂 ☐ 😐 ☐ 🙁 ☐ ☹️

QUÉ FUE LO MEJOR DEL DÍA

_____
_____
_____
_____

DIBUJO DEL DÍA

L M M J V S D FECHA: ___/___/___

AGRADEZCO POR

1. _____
2. _____
3. _____

ALGUIEN ESPECIAL PARA MÍ Y POR QUÉ

_____

ME SIENTO ☐ 😀 ☐ 🙂 ☐ 😐 ☐ 🙁 ☐ ☹️

QUÉ FUE LO MEJOR DEL DÍA

_____
_____
_____
_____

DIBUJO DEL DÍA

| L | M | M | J | V | S | D | FECHA: ___/___/___ |

AGRADEZCO POR

1. _____
2. _____
3. _____

ALGUIEN ESPECIAL PARA MÍ Y POR QUÉ
_____

ME SIENTO ☐ 😀 ☐ 🙂 ☐ 😐 ☐ 🙁 ☐ ☹️

QUÉ FUE LO MEJOR DEL DÍA

_____
_____
_____
_____

DIBUJO DEL DÍA

L M M J V S D   FECHA: ___/___/___

AGRADEZCO POR

1. _____
2. _____
3. _____

ALGUIEN ESPECIAL PARA MÍ Y POR QUÉ
_____

ME SIENTO
☐ 😀 ☐ 🙂 ☐ 😐 ☐ 🙁 ☐ ☹️

QUÉ FUE LO MEJOR DEL DÍA

_____
_____
_____
_____

DIBUJO DEL DÍA

| L | M | M | J | V | S | D | FECHA: ___/___/___ |

AGRADEZCO POR

1. _____
2. _____
3. _____

ALGUIEN ESPECIAL PARA MÍ Y POR QUÉ

_____

ME SIENTO

☐ 😃 ☐ 🙂 ☐ 😐 ☐ 🙁 ☐ ☹️

QUÉ FUE LO MEJOR DEL DÍA

_____
_____
_____
_____
_____

DIBUJO DEL DÍA

L M M J V S D   FECHA: ___/___/___

AGRADEZCO POR

1. _____
2. _____
3. _____

ALGUIEN ESPECIAL PARA MÍ Y POR QUÉ

_____

ME SIENTO

☐ ☐ ☐ ☐ ☐

QUÉ FUE LO MEJOR DEL DÍA

_____
_____
_____
_____

DIBUJO DEL DÍA

| L | M | M | J | V | S | D | FECHA: ___/___/___ |

AGRADEZCO POR

1. _____
2. _____
3. _____

ALGUIEN ESPECIAL PARA MÍ Y POR QUÉ

_____

ME SIENTO

☐ 😃   ☐ 🙂   ☐ 😐   ☐ 🙁   ☐ ☹️

QUÉ FUE LO MEJOR DEL DÍA

_____
_____
_____
_____

DIBUJO DEL DÍA

L   M   M   J   V   S   D   FECHA: ___/___/___

AGRADEZCO POR

1. _____
2. _____
3. _____

ALGUIEN ESPECIAL PARA MÍ Y POR QUÉ

_____

ME SIENTO

☐ 😃   ☐ 🙂   ☐ 😐   ☐ 🙁   ☐ ☹️

QUÉ FUE LO MEJOR DEL DÍA

_____
_____
_____
_____
_____

DIBUJO DEL DÍA

| L | M | M | J | V | S | D | FECHA: ___/___/___ |

AGRADEZCO POR

1. _____
2. _____
3. _____

ALGUIEN ESPECIAL PARA MÍ Y POR QUÉ

_____

ME SIENTO

☐ 😀 ☐ 🙂 ☐ 😐 ☐ 🙁 ☐ ☹️

QUÉ FUE LO MEJOR DEL DÍA

_____
_____
_____
_____

DIBUJO DEL DÍA

| L | M | M | J | V | S | D | FECHA: ___/___/___ |

AGRADEZCO POR

1. _____
2. _____
3. _____

ALGUIEN ESPECIAL PARA MÍ Y POR QUÉ

_____

ME SIENTO ☐ 😀 ☐ 🙂 ☐ 😐 ☐ 🙁 ☐ ☹️

QUÉ FUE LO MEJOR DEL DÍA

_____
_____
_____
_____

DIBUJO DEL DÍA

L M M J V S D   FECHA: ___/___/___

AGRADEZCO POR

1. _____
2. _____
3. _____

ALGUIEN ESPECIAL PARA MÍ Y POR QUÉ

_____

ME SIENTO ☐ 😀 ☐ 🙂 ☐ 😐 ☐ 🙁 ☐ ☹️

QUÉ FUE LO MEJOR DEL DÍA

_____
_____
_____
_____

DIBUJO DEL DÍA

L M M J V S D   FECHA: ___/___/___

AGRADEZCO POR

1. _____
2. _____
3. _____

ALGUIEN ESPECIAL PARA MÍ Y POR QUÉ
_____

ME SIENTO
☐ 😀 ☐ 🙂 ☐ 😐 ☐ 🙁 ☐ ☹️

QUÉ FUE LO MEJOR DEL DÍA

_____
_____
_____
_____

DIBUJO DEL DÍA

L M M J V S D   FECHA: ___/___/___

AGRADEZCO POR

1. _____
2. _____
3. _____

ALGUIEN ESPECIAL PARA MÍ Y POR QUÉ

_____

ME SIENTO ☐ 😄 ☐ 🙂 ☐ 😐 ☐ 🙁 ☐ ☹️

QUÉ FUE LO MEJOR DEL DÍA

_____
_____
_____
_____

DIBUJO DEL DÍA

L M M J V S D   FECHA: ___/___/___

AGRADEZCO POR

1. _____
2. _____
3. _____

ALGUIEN ESPECIAL PARA MÍ Y POR QUÉ
_____

ME SIENTO
☐ 😀   ☐ 🙂   ☐ 😐   ☐ 🙁   ☐ ☹️

QUÉ FUE LO MEJOR DEL DÍA

_____
_____
_____
_____

DIBUJO DEL DÍA

L M M J V S D   FECHA: ___/___/___

AGRADEZCO POR

1. _____
2. _____
3. _____

ALGUIEN ESPECIAL PARA MÍ Y POR QUÉ

_____

ME SIENTO ☐ 😀 ☐ 🙂 ☐ 😐 ☐ 🙁 ☐ ☹️

QUÉ FUE LO MEJOR DEL DÍA

_____
_____
_____
_____

DIBUJO DEL DÍA

| L M M J V S D | FECHA: ___/___/___ |

AGRADEZCO POR

1. _____
2. _____
3. _____

ALGUIEN ESPECIAL PARA MÍ Y POR QUÉ

_____

ME SIENTO

☐ 😀 ☐ 🙂 ☐ 😐 ☐ 🙁 ☐ ☹️

QUÉ FUE LO MEJOR DEL DÍA

_____
_____
_____
_____

DIBUJO DEL DÍA

L M M J V S D   FECHA: ___/___/___

AGRADEZCO POR

1. _____
2. _____
3. _____

ALGUIEN ESPECIAL PARA MÍ Y POR QUÉ

_____

ME SIENTO

☐ 😃 ☐ 🙂 ☐ 😐 ☐ 🙁 ☐ ☹️

QUÉ FUE LO MEJOR DEL DÍA

_____
_____
_____
_____
_____

DIBUJO DEL DÍA

| L | M | M | J | V | S | D | FECHA: __/__/__ |

AGRADEZCO POR

1. _____
2. _____
3. _____

ALGUIEN ESPECIAL PARA MÍ Y POR QUÉ

_____

ME SIENTO

☐ 😀 ☐ 🙂 ☐ 😐 ☐ 🙁 ☐ ☹️

QUÉ FUE LO MEJOR DEL DÍA

_____
_____
_____
_____

DIBUJO DEL DÍA

| L | M | M | J | V | S | D | FECHA: ___/___/___ |

AGRADEZCO POR

1. _____
2. _____
3. _____

ALGUIEN ESPECIAL PARA MÍ Y POR QUÉ
_____

ME SIENTO ☐ 😃   ☐ 🙂   ☐ 😐   ☐ 🙁   ☐ ☹️

QUÉ FUE LO MEJOR DEL DÍA

_____
_____
_____
_____

DIBUJO DEL DÍA

| L | M | M | J | V | S | D | FECHA: ___/___/___ |

AGRADEZCO POR

1. _____
2. _____
3. _____

ALGUIEN ESPECIAL PARA MÍ Y POR QUÉ
_____

ME SIENTO ☐ 😃 ☐ 🙂 ☐ 😐 ☐ 🙁 ☐ ☹️

QUÉ FUE LO MEJOR DEL DÍA

_____
_____
_____
_____

DIBUJO DEL DÍA

| L | M | M | J | V | S | D | FECHA: __/__/__ |

AGRADEZCO POR

1. _____
2. _____
3. _____

ALGUIEN ESPECIAL PARA MÍ Y POR QUÉ

_____

ME SIENTO

☐ 😀 ☐ 🙂 ☐ 😐 ☐ 🙁 ☐ ☹️

QUÉ FUE LO MEJOR DEL DÍA

_____
_____
_____
_____

DIBUJO DEL DÍA

| L | M | M | J | V | S | D | FECHA: ___/___/___ |

AGRADEZCO POR

1. _____
2. _____
3. _____

ALGUIEN ESPECIAL PARA MÍ Y POR QUÉ

_____

ME SIENTO ☐ 😀 ☐ 🙂 ☐ 😐 ☐ 🙁 ☐ ☹️

QUÉ FUE LO MEJOR DEL DÍA

_____
_____
_____
_____

DIBUJO DEL DÍA

L   M   M   J   V   S   D   FECHA: ___/___/___

AGRADEZCO POR

1. _____
2. _____
3. _____

ALGUIEN ESPECIAL PARA MÍ Y POR QUÉ
_____

ME SIENTO
☐ 😀 ☐ 🙂 ☐ 😐 ☐ 🙁 ☐ ☹️

QUÉ FUE LO MEJOR DEL DÍA

_____
_____
_____
_____

DIBUJO DEL DÍA

L M M J V S D   FECHA: ___/___/___

AGRADEZCO POR

1. _____
2. _____
3. _____

ALGUIEN ESPECIAL PARA MÍ Y POR QUÉ

_____

ME SIENTO ☐ 😄 ☐ 🙂 ☐ 😐 ☐ 🙁 ☐ ☹️

QUÉ FUE LO MEJOR DEL DÍA

_____
_____
_____
_____

DIBUJO DEL DÍA

| L | M | M | J | V | S | D | FECHA: ___/___/___ |

AGRADEZCO POR

1. _____
2. _____
3. _____

ALGUIEN ESPECIAL PARA MÍ Y POR QUÉ
_____

ME SIENTO
☐ 😄 ☐ 🙂 ☐ 😐 ☐ 🙁 ☐ ☹️

QUÉ FUE LO MEJOR DEL DÍA

_____
_____
_____
_____

DIBUJO DEL DÍA

| L | M | M | J | V | S | D | FECHA: ___/___/___ |

AGRADEZCO POR

1. _____
2. _____
3. _____

ALGUIEN ESPECIAL PARA MÍ Y POR QUÉ
_____

ME SIENTO
☐ 😄 ☐ 🙂 ☐ 😐 ☐ 🙁 ☐ ☹️

QUÉ FUE LO MEJOR DEL DÍA

_____
_____
_____
_____

DIBUJO DEL DÍA

| L | M | M | J | V | S | D | FECHA: ___/___/___ |

AGRADEZCO POR

1. _____
2. _____
3. _____

ALGUIEN ESPECIAL PARA MÍ Y POR QUÉ
_____

ME SIENTO ☐ 😀 ☐ 🙂 ☐ 😐 ☐ 🙁 ☐ ☹️

QUÉ FUE LO MEJOR DEL DÍA

_____
_____
_____
_____

DIBUJO DEL DÍA

L M M J V S D   FECHA: ___/___/___

AGRADEZCO POR

1. _____
2. _____
3. _____

ALGUIEN ESPECIAL PARA MÍ Y POR QUÉ

_____

ME SIENTO

☐ 😀 ☐ 🙂 ☐ 😐 ☐ 🙁 ☐ ☹️

QUÉ FUE LO MEJOR DEL DÍA

_____
_____
_____
_____

DIBUJO DEL DÍA

| L | M | M | J | V | S | D | FECHA: __/__/__ |

AGRADEZCO POR

1. _____
2. _____
3. _____

ALGUIEN ESPECIAL PARA MÍ Y POR QUÉ

_____

ME SIENTO

☐ 😀 ☐ 🙂 ☐ 😐 ☐ 🙁 ☐ ☹️

QUÉ FUE LO MEJOR DEL DÍA

_____
_____
_____
_____

DIBUJO DEL DÍA

| L M M J V S D | FECHA: ___/___/___ |

AGRADEZCO POR

1. _____
2. _____
3. _____

ALGUIEN ESPECIAL PARA MÍ Y POR QUÉ

_____

ME SIENTO

☐ 😀 ☐ 🙂 ☐ 😐 ☐ 🙁 ☐ 😞

QUÉ FUE LO MEJOR DEL DÍA

_____
_____
_____
_____

DIBUJO DEL DÍA

| L | M | M | J | V | S | D | FECHA: ___/___/___ |

AGRADEZCO POR

1. _____
2. _____
3. _____

ALGUIEN ESPECIAL PARA MÍ Y POR QUÉ

_____

ME SIENTO ☐ 😀 ☐ 🙂 ☐ 😐 ☐ 🙁 ☐ ☹️

QUÉ FUE LO MEJOR DEL DÍA

_____
_____
_____
_____

DIBUJO DEL DÍA

| L M M J V S D | FECHA: ___/___/___ |

AGRADEZCO POR

1. _____
2. _____
3. _____

ALGUIEN ESPECIAL PARA MÍ Y POR QUÉ

_____

ME SIENTO ☐ 😀 ☐ 🙂 ☐ 😐 ☐ 🙁 ☐ ☹️

QUÉ FUE LO MEJOR DEL DÍA

_____
_____
_____
_____
_____

DIBUJO DEL DÍA

| L | M | M | J | V | S | D | FECHA: ___/___/___ |

AGRADEZCO POR

1. _____
2. _____
3. _____

ALGUIEN ESPECIAL PARA MÍ Y POR QUÉ
_____

ME SIENTO
☐ 😀 ☐ 🙂 ☐ 😐 ☐ 🙁 ☐ ☹️

QUÉ FUE LO MEJOR DEL DÍA

_____
_____
_____
_____

DIBUJO DEL DÍA

L M M J V S D   FECHA: ___/___/___

AGRADEZCO POR

1. _____
2. _____
3. _____

ALGUIEN ESPECIAL PARA MÍ Y POR QUÉ

_____

ME SIENTO ☐ 😃 ☐ 🙂 ☐ 😐 ☐ 🙁 ☐ ☹️

QUÉ FUE LO MEJOR DEL DÍA

_____
_____
_____
_____

DIBUJO DEL DÍA

| L | M | M | J | V | S | D | FECHA: ___/___/___ |

AGRADEZCO POR

1. _____
2. _____
3. _____

ALGUIEN ESPECIAL PARA MÍ Y POR QUÉ

_____

ME SIENTO

☐ 😃 ☐ 🙂 ☐ 😐 ☐ 🙁 ☐ ☹️

QUÉ FUE LO MEJOR DEL DÍA

_____
_____
_____
_____

DIBUJO DEL DÍA

L M M J V S D   FECHA: ___/___/___

AGRADEZCO POR

1. _____
2. _____
3. _____

ALGUIEN ESPECIAL PARA MÍ Y POR QUÉ

_____

ME SIENTO

☐ 😄 ☐ 🙂 ☐ 😐 ☐ 🙁 ☐ ☹️

QUÉ FUE LO MEJOR DEL DÍA

_____
_____
_____
_____

DIBUJO DEL DÍA

| L | M | M | J | V | S | D | FECHA: ___/___/___ |

AGRADEZCO POR

1. _____
2. _____
3. _____

ALGUIEN ESPECIAL PARA MÍ Y POR QUÉ
_____

ME SIENTO
☐ 😀 ☐ 🙂 ☐ 😐 ☐ 🙁 ☐ ☹️

QUÉ FUE LO MEJOR DEL DÍA

_____
_____
_____
_____

DIBUJO DEL DÍA

| L | M | M | J | V | S | D | FECHA: ___/___/___ |

AGRADEZCO POR

1. _____
2. _____
3. _____

ALGUIEN ESPECIAL PARA MÍ Y POR QUÉ

_____

ME SIENTO

☐ 😃 ☐ 🙂 ☐ 😐 ☐ 🙁 ☐ ☹️

QUÉ FUE LO MEJOR DEL DÍA

_____
_____
_____
_____

DIBUJO DEL DÍA

| L | M | M | J | V | S | D | FECHA: __/__/__ |

AGRADEZCO POR

1. _____
2. _____
3. _____

ALGUIEN ESPECIAL PARA MÍ Y POR QUÉ

_____

ME SIENTO ☐ 😀 ☐ 🙂 ☐ 😐 ☐ 🙁 ☐ ☹️

QUÉ FUE LO MEJOR DEL DÍA

_____
_____
_____
_____

DIBUJO DEL DÍA

L M M J V S D   FECHA: ___/___/___

AGRADEZCO POR

1. _____
2. _____
3. _____

ALGUIEN ESPECIAL PARA MÍ Y POR QUÉ

_____

ME SIENTO ☐ 😀   ☐ 🙂   ☐ 😐   ☐ 🙁   ☐ ☹️

QUÉ FUE LO MEJOR DEL DÍA

_____
_____
_____
_____

DIBUJO DEL DÍA

| L | M | M | J | V | S | D | FECHA: ___/___/___ |

AGRADEZCO POR

1. _____
2. _____
3. _____

ALGUIEN ESPECIAL PARA MÍ Y POR QUÉ
_____

ME SIENTO
☐ 😀 ☐ 🙂 ☐ 😐 ☐ 🙁 ☐ ☹️

QUÉ FUE LO MEJOR DEL DÍA

_____
_____
_____
_____

DIBUJO DEL DÍA

| L M M J V S D | FECHA: ___/___/___ |

AGRADEZCO POR

1. _____
2. _____
3. _____

ALGUIEN ESPECIAL PARA MÍ Y POR QUÉ

_____

ME SIENTO ☐ 😃 ☐ 🙂 ☐ 😐 ☐ 🙁 ☐ ☹️

QUÉ FUE LO MEJOR DEL DÍA

_____
_____
_____
_____
_____

DIBUJO DEL DÍA

L   M   M   J   V   S   D   FECHA: ___/___/___

AGRADEZCO POR

1. _____
2. _____
3. _____

ALGUIEN ESPECIAL PARA MÍ Y POR QUÉ
_____

ME SIENTO
☐ 😀   ☐ 🙂   ☐ 😐   ☐ 🙁   ☐ ☹

QUÉ FUE LO MEJOR DEL DÍA

_____
_____
_____
_____

DIBUJO DEL DÍA

L M M J V S D   FECHA: ___/___/___

AGRADEZCO POR

1. _____
2. _____
3. _____

ALGUIEN ESPECIAL PARA MÍ Y POR QUÉ
_____

ME SIENTO
☐ 😃   ☐ 🙂   ☐ 😐   ☐ 🙁   ☐ ☹️

QUÉ FUE LO MEJOR DEL DÍA

_____
_____
_____
_____

DIBUJO DEL DÍA

| L | M | M | J | V | S | D | FECHA: ___/___/___ |

AGRADEZCO POR

1. _____
2. _____
3. _____

ALGUIEN ESPECIAL PARA MÍ Y POR QUÉ
_____

ME SIENTO
☐ 😀 ☐ 🙂 ☐ 😐 ☐ 🙁 ☐ ☹️

QUÉ FUE LO MEJOR DEL DÍA

_____
_____
_____
_____

DIBUJO DEL DÍA

L M M J V S D   FECHA: ___/___/___

AGRADEZCO POR

1. _____
2. _____
3. _____

ALGUIEN ESPECIAL PARA MÍ Y POR QUÉ

_____

ME SIENTO ☐ 😄 ☐ 🙂 ☐ 😐 ☐ 🙁 ☐ ☹️

QUÉ FUE LO MEJOR DEL DÍA

_____
_____
_____
_____

DIBUJO DEL DÍA

| L | M | M | J | V | S | D | FECHA: ___/___/___ |

AGRADEZCO POR

1. _____
2. _____
3. _____

ALGUIEN ESPECIAL PARA MÍ Y POR QUÉ

_____

ME SIENTO ☐ 😀 ☐ 🙂 ☐ 😐 ☐ 🙁 ☐ ☹️

QUÉ FUE LO MEJOR DEL DÍA

_____
_____
_____
_____

DIBUJO DEL DÍA

L M M J V S D   FECHA: ___/___/___

AGRADEZCO POR

1. _____
2. _____
3. _____

ALGUIEN ESPECIAL PARA MÍ Y POR QUÉ

_____

ME SIENTO

☐ 😃 ☐ 🙂 ☐ 😐 ☐ 🙁 ☐ ☹️

QUÉ FUE LO MEJOR DEL DÍA

_____
_____
_____
_____

DIBUJO DEL DÍA

| L | M | M | J | V | S | D | FECHA: ___/___/___ |

AGRADEZCO POR

1. _____
2. _____
3. _____

ALGUIEN ESPECIAL PARA MÍ Y POR QUÉ
_____

ME SIENTO
☐ 😀   ☐ 🙂   ☐ 😐   ☐ 🙁   ☐ ☹️

QUÉ FUE LO MEJOR DEL DÍA

_____
_____
_____
_____

DIBUJO DEL DÍA

L M M J V S D   FECHA: ___/___/___

AGRADEZCO POR

1. _____
2. _____
3. _____

ALGUIEN ESPECIAL PARA MÍ Y POR QUÉ

_____

ME SIENTO

☐ 😀 ☐ 🙂 ☐ 😐 ☐ 🙁 ☐ ☹️

QUÉ FUE LO MEJOR DEL DÍA

_____
_____
_____
_____

DIBUJO DEL DÍA

L M M J V S D   FECHA: ___/___/___

AGRADEZCO POR

1. _____
2. _____
3. _____

ALGUIEN ESPECIAL PARA MÍ Y POR QUÉ

_____

ME SIENTO

☐ 😄 ☐ 🙂 ☐ 😐 ☐ 🙁 ☐ ☹️

QUÉ FUE LO MEJOR DEL DÍA

_____
_____
_____
_____

DIBUJO DEL DÍA

L   M   M   J   V   S   D   FECHA: ___/___/___

AGRADEZCO POR

1. _____
2. _____
3. _____

ALGUIEN ESPECIAL PARA MÍ Y POR QUÉ

_____

ME SIENTO

☐ 😀 ☐ 🙂 ☐ 😐 ☐ 🙁 ☐ ☹️

QUÉ FUE LO MEJOR DEL DÍA

_____
_____
_____
_____
_____

DIBUJO DEL DÍA

| L | M | M | J | V | S | D | FECHA: ___/___/___ |

AGRADEZCO POR

1. _____
2. _____
3. _____

ALGUIEN ESPECIAL PARA MÍ Y POR QUÉ

_____

ME SIENTO

☐ 😀 ☐ 😊 ☐ 😐 ☐ 🙁 ☐ ☹️

QUÉ FUE LO MEJOR DEL DÍA

_____
_____
_____
_____
_____

DIBUJO DEL DÍA

L M M J V S D   FECHA: ___/___/___

AGRADEZCO POR

1. _____
2. _____
3. _____

ALGUIEN ESPECIAL PARA MÍ Y POR QUÉ
_____

ME SIENTO
☐ 😃 ☐ 🙂 ☐ 😐 ☐ 🙁 ☐ ☹️

QUÉ FUE LO MEJOR DEL DÍA

_____
_____
_____
_____
_____

DIBUJO DEL DÍA

| L | M | M | J | V | S | D | FECHA: ___/___/___ |

AGRADEZCO POR

1. _____
2. _____
3. _____

ALGUIEN ESPECIAL PARA MÍ Y POR QUÉ

_____

ME SIENTO

☐ 😃   ☐ 🙂   ☐ 😐   ☐ 🙁   ☐ ☹️

QUÉ FUE LO MEJOR DEL DÍA

_____
_____
_____
_____

DIBUJO DEL DÍA

L M M J V S D   FECHA: ___/___/___

AGRADEZCO POR

1. _____
2. _____
3. _____

ALGUIEN ESPECIAL PARA MÍ Y POR QUÉ

_____

ME SIENTO ☐ 😄 ☐ 🙂 ☐ 😐 ☐ 🙁 ☐ ☹️

QUÉ FUE LO MEJOR DEL DÍA

_____
_____
_____
_____

DIBUJO DEL DÍA

| L | M | M | J | V | S | D | FECHA: ___/___/___ |

AGRADEZCO POR

1. _____
2. _____
3. _____

ALGUIEN ESPECIAL PARA MÍ Y POR QUÉ
_____

ME SIENTO
☐ 😀 ☐ 🙂 ☐ 😐 ☐ 🙁 ☐ ☹️

QUÉ FUE LO MEJOR DEL DÍA

_____
_____
_____
_____

DIBUJO DEL DÍA

L M M J V S D FECHA: ___/___/___

AGRADEZCO POR

1. _____
2. _____
3. _____

ALGUIEN ESPECIAL PARA MÍ Y POR QUÉ

_____

ME SIENTO

☐ 😃 ☐ 🙂 ☐ 😐 ☐ 🙁 ☐ ☹️

QUÉ FUE LO MEJOR DEL DÍA

_____
_____
_____
_____

DIBUJO DEL DÍA

L M M J V S D   FECHA: ___/___/___

AGRADEZCO POR

1. _____
2. _____
3. _____

ALGUIEN ESPECIAL PARA MÍ Y POR QUÉ

_____

ME SIENTO

☐ 😀 ☐ 🙂 ☐ 😐 ☐ 🙁 ☐ ☹️

QUÉ FUE LO MEJOR DEL DÍA

_____
_____
_____
_____

DIBUJO DEL DÍA

L M M J V S D   FECHA: ___/___/___

AGRADEZCO POR

1. _____
2. _____
3. _____

ALGUIEN ESPECIAL PARA MÍ Y POR QUÉ

_____

ME SIENTO

☐ 😀 ☐ 🙂 ☐ 😐 ☐ 🙁 ☐ ☹️

QUÉ FUE LO MEJOR DEL DÍA

_____
_____
_____
_____

DIBUJO DEL DÍA

L M M J V S D   FECHA: ___/___/___

AGRADEZCO POR

1. _____
2. _____
3. _____

ALGUIEN ESPECIAL PARA MÍ Y POR QUÉ
_____

ME SIENTO ☐ 😄 ☐ 🙂 ☐ 😐 ☐ 🙁 ☐ ☹️

QUÉ FUE LO MEJOR DEL DÍA

_____
_____
_____
_____

DIBUJO DEL DÍA

L M M J V S D   FECHA: ___/___/___

AGRADEZCO POR

1. _____
2. _____
3. _____

ALGUIEN ESPECIAL PARA MÍ Y POR QUÉ
_____

ME SIENTO
☐ 😃 ☐ 🙂 ☐ 😐 ☐ 🙁 ☐ ☹️

QUÉ FUE LO MEJOR DEL DÍA

_____
_____
_____
_____

DIBUJO DEL DÍA

| L | M | M | J | V | S | D | FECHA: ___/___/___ |

AGRADEZCO POR

1. _____
2. _____
3. _____

ALGUIEN ESPECIAL PARA MÍ Y POR QUÉ

_____

ME SIENTO

☐ 😀 ☐ 🙂 ☐ 😐 ☐ 🙁 ☐ ☹️

QUÉ FUE LO MEJOR DEL DÍA

_____
_____
_____
_____

DIBUJO DEL DÍA

| L M M J V S D | FECHA: ___/___/___ |

AGRADEZCO POR

1. _____
2. _____
3. _____

ALGUIEN ESPECIAL PARA MÍ Y POR QUÉ

_____

ME SIENTO

☐ 😀 ☐ 🙂 ☐ 😐 ☐ 🙁 ☐ ☹️

QUÉ FUE LO MEJOR DEL DÍA

_____
_____
_____
_____

DIBUJO DEL DÍA

| L | M | M | J | V | S | D | FECHA: ___/___/___ |

AGRADEZCO POR

1. _____
2. _____
3. _____

ALGUIEN ESPECIAL PARA MÍ Y POR QUÉ

_____

ME SIENTO

☐ 😀 ☐ 🙂 ☐ 😐 ☐ 🙁 ☐ ☹️

QUÉ FUE LO MEJOR DEL DÍA

_____
_____
_____
_____

DIBUJO DEL DÍA

L M M J V S D   FECHA: ___/___/___

AGRADEZCO POR

1. _____
2. _____
3. _____

ALGUIEN ESPECIAL PARA MÍ Y POR QUÉ

_____

ME SIENTO ☐ 😀 ☐ 🙂 ☐ 😐 ☐ 🙁 ☐ ☹️

QUÉ FUE LO MEJOR DEL DÍA

_____
_____
_____
_____

DIBUJO DEL DÍA

L M M J V S D   FECHA: ___/___/___

AGRADEZCO POR

1. _____
2. _____
3. _____

ALGUIEN ESPECIAL PARA MÍ Y POR QUÉ

_____

ME SIENTO

☐ 😀 ☐ 🙂 ☐ 😐 ☐ 🙁 ☐ ☹️

QUÉ FUE LO MEJOR DEL DÍA

_____
_____
_____
_____

DIBUJO DEL DÍA

| L | M | M | J | V | S | D | FECHA: ___/___/___ |

AGRADEZCO POR

1. _____
2. _____
3. _____

ALGUIEN ESPECIAL PARA MÍ Y POR QUÉ
_____

ME SIENTO
☐ 😀 ☐ 🙂 ☐ 😐 ☐ 🙁 ☐ ☹️

QUÉ FUE LO MEJOR DEL DÍA

_____
_____
_____
_____

DIBUJO DEL DÍA

| L | M | M | J | V | S | D | FECHA: __/__/__ |

AGRADEZCO POR

1. _____
2. _____
3. _____

ALGUIEN ESPECIAL PARA MÍ Y POR QUÉ

_____

ME SIENTO

☐ 😃   ☐ 🙂   ☐ 😐   ☐ 🙁   ☐ ☹️

QUÉ FUE LO MEJOR DEL DÍA

_____
_____
_____
_____

DIBUJO DEL DÍA

L M M J V S D   FECHA: ___/___/___

AGRADEZCO POR

1. _____
2. _____
3. _____

ALGUIEN ESPECIAL PARA MÍ Y POR QUÉ

_____

ME SIENTO ☐ 😀 ☐ 🙂 ☐ 😐 ☐ 🙁 ☐ ☹️

QUÉ FUE LO MEJOR DEL DÍA

_____
_____
_____
_____
_____

DIBUJO DEL DÍA

| L | M | M | J | V | S | D | FECHA: ___/___/___ |

AGRADEZCO POR

1. _____
2. _____
3. _____

ALGUIEN ESPECIAL PARA MÍ Y POR QUÉ
_____

ME SIENTO ☐ 😀 ☐ 😊 ☐ 😐 ☐ 🙁 ☐ ☹️

QUÉ FUE LO MEJOR DEL DÍA

_____
_____
_____
_____

DIBUJO DEL DÍA

| L | M | M | J | V | S | D | FECHA: ___/___/___ |

AGRADEZCO POR

1. _____
2. _____
3. _____

ALGUIEN ESPECIAL PARA MÍ Y POR QUÉ

_____

ME SIENTO

☐ 😊 ☐ 🙂 ☐ 😐 ☐ 🙁 ☐ ☹️

QUÉ FUE LO MEJOR DEL DÍA

_____
_____
_____
_____

DIBUJO DEL DÍA

| L | M | M | J | V | S | D | FECHA: ___/___/___ |

AGRADEZCO POR

1. _____
2. _____
3. _____

ALGUIEN ESPECIAL PARA MÍ Y POR QUÉ

_____

ME SIENTO

☐ 😀 ☐ 🙂 ☐ 😐 ☐ 🙁 ☐ ☹️

QUÉ FUE LO MEJOR DEL DÍA

_____
_____
_____
_____

DIBUJO DEL DÍA

| L M M J V S D | FECHA: ___/___/___ |

AGRADEZCO POR

1. _____
2. _____
3. _____

ALGUIEN ESPECIAL PARA MÍ Y POR QUÉ

_____

ME SIENTO ☐ 😃 ☐ 🙂 ☐ 😐 ☐ 🙁 ☐ ☹️

QUÉ FUE LO MEJOR DEL DÍA

_____
_____
_____
_____
_____

DIBUJO DEL DÍA

| L | M | M | J | V | S | D | FECHA: ___/___/___ |

AGRADEZCO POR

1. _____
2. _____
3. _____

ALGUIEN ESPECIAL PARA MÍ Y POR QUÉ

_____

ME SIENTO

☐ 😃 ☐ 🙂 ☐ 😐 ☐ 🙁 ☐ ☹️

QUÉ FUE LO MEJOR DEL DÍA

_____
_____
_____
_____

DIBUJO DEL DÍA

L M M J V S D FECHA: __/__/__

AGRADEZCO POR

1. _____
2. _____
3. _____

ALGUIEN ESPECIAL PARA MÍ Y POR QUÉ

_____

ME SIENTO

☐ 😀 ☐ 🙂 ☐ 😐 ☐ 🙁 ☐ ☹️

QUÉ FUE LO MEJOR DEL DÍA

_____
_____
_____
_____

DIBUJO DEL DÍA

L M M J V S D   FECHA: ___/___/___

AGRADEZCO POR

1. _____
2. _____
3. _____

ALGUIEN ESPECIAL PARA MÍ Y POR QUÉ

_____

ME SIENTO ☐ 😀 ☐ 🙂 ☐ 😐 ☐ 🙁 ☐ ☹️

QUÉ FUE LO MEJOR DEL DÍA

_____
_____
_____
_____

DIBUJO DEL DÍA

| L | M | M | J | V | S | D | FECHA: ___/___/___ |

AGRADEZCO POR

1. _____
2. _____
3. _____

ALGUIEN ESPECIAL PARA MÍ Y POR QUÉ
_____

ME SIENTO
☐ 😀   ☐ 🙂   ☐ 😐   ☐ 🙁   ☐ 😞

QUÉ FUE LO MEJOR DEL DÍA

_____
_____
_____
_____
_____

DIBUJO DEL DÍA

L M M J V S D   FECHA: ___/___/___

AGRADEZCO POR

1. _____
2. _____
3. _____

ALGUIEN ESPECIAL PARA MÍ Y POR QUÉ
_____

ME SIENTO ☐ 😃 ☐ 😊 ☐ 😐 ☐ 🙁 ☐ ☹️

QUÉ FUE LO MEJOR DEL DÍA

_____
_____
_____
_____
_____

DIBUJO DEL DÍA

L M M J V S D   FECHA: ___/___/___

AGRADEZCO POR

1. _____
2. _____
3. _____

ALGUIEN ESPECIAL PARA MÍ Y POR QUÉ

_____

ME SIENTO

☐ 😃 ☐ 🙂 ☐ 😐 ☐ 🙁 ☐ ☹️

QUÉ FUE LO MEJOR DEL DÍA

_____
_____
_____
_____

DIBUJO DEL DÍA

| L | M | M | J | V | S | D | FECHA: ___/___/___ |

AGRADEZCO POR

1. _____
2. _____
3. _____

ALGUIEN ESPECIAL PARA MÍ Y POR QUÉ
_____

ME SIENTO ☐ 😀 ☐ 🙂 ☐ 😐 ☐ 🙁 ☐ ☹️

QUÉ FUE LO MEJOR DEL DÍA

_____
_____
_____
_____

DIBUJO DEL DÍA

| L M M J V S D | FECHA: ___/___/___ |

AGRADEZCO POR

1. _____
2. _____
3. _____

ALGUIEN ESPECIAL PARA MÍ Y POR QUÉ
_____

ME SIENTO
☐ 😀 ☐ 🙂 ☐ 😐 ☐ 🙁 ☐ ☹️

QUÉ FUE LO MEJOR DEL DÍA

_____
_____
_____
_____

DIBUJO DEL DÍA

| L | M | M | J | V | S | D | FECHA: ___/___/___ |

AGRADEZCO POR

1. _____
2. _____
3. _____

ALGUIEN ESPECIAL PARA MÍ Y POR QUÉ

_____

ME SIENTO ☐ 😃 ☐ 🙂 ☐ 😐 ☐ 🙁 ☐ ☹️

QUÉ FUE LO MEJOR DEL DÍA

_____
_____
_____
_____

DIBUJO DEL DÍA

L M M J V S D   FECHA: ___/___/___

AGRADEZCO POR

1. _____
2. _____
3. _____

ALGUIEN ESPECIAL PARA MÍ Y POR QUÉ

_____

ME SIENTO ☐ 😀 ☐ 🙂 ☐ 😐 ☐ 🙁 ☐ ☹️

QUÉ FUE LO MEJOR DEL DÍA

_____
_____
_____
_____

DIBUJO DEL DÍA

| L | M | M | J | V | S | D | FECHA: ___/___/___ |

AGRADEZCO POR

1. _____
2. _____
3. _____

ALGUIEN ESPECIAL PARA MÍ Y POR QUÉ
_____

ME SIENTO
☐ 😀 ☐ 🙂 ☐ 😐 ☐ 🙁 ☐ ☹️

QUÉ FUE LO MEJOR DEL DÍA

_____
_____
_____
_____
_____

DIBUJO DEL DÍA

L M M J V S D   FECHA: ___/___/___

AGRADEZCO POR

1. _____
2. _____
3. _____

ALGUIEN ESPECIAL PARA MÍ Y POR QUÉ

_____

ME SIENTO ☐ 😄 ☐ 🙂 ☐ 😐 ☐ 🙁 ☐ ☹️

QUÉ FUE LO MEJOR DEL DÍA

_____
_____
_____
_____

DIBUJO DEL DÍA

L M M J V S D   FECHA: ___/___/___

AGRADEZCO POR

1. _____
2. _____
3. _____

ALGUIEN ESPECIAL PARA MÍ Y POR QUÉ

_____

ME SIENTO

☐ 😀 ☐ 🙂 ☐ 😐 ☐ 🙁 ☐ ☹️

QUÉ FUE LO MEJOR DEL DÍA

_____
_____
_____
_____

DIBUJO DEL DÍA

L M M J V S D   FECHA: ___/___/___

AGRADEZCO POR

1. _____
2. _____
3. _____

ALGUIEN ESPECIAL PARA MÍ Y POR QUÉ

_____

ME SIENTO

☐ 😀 ☐ 🙂 ☐ 😐 ☐ 🙁 ☐ ☹️

QUÉ FUE LO MEJOR DEL DÍA

_____
_____
_____
_____

DIBUJO DEL DÍA

| L | M | M | J | V | S | D | FECHA: ___/___/___ |

AGRADEZCO POR

1. _____
2. _____
3. _____

ALGUIEN ESPECIAL PARA MÍ Y POR QUÉ

_____

ME SIENTO ☐ 😃 ☐ 🙂 ☐ 😐 ☐ 🙁 ☐ ☹️

QUÉ FUE LO MEJOR DEL DÍA

_____
_____
_____
_____

DIBUJO DEL DÍA

| L M M J V S D | FECHA: ___/___/___ |

AGRADEZCO POR

1. _____
2. _____
3. _____

ALGUIEN ESPECIAL PARA MÍ Y POR QUÉ
_____

ME SIENTO ☐ 😀   ☐ 🙂   ☐ 😐   ☐ 🙁   ☐ ☹️

QUÉ FUE LO MEJOR DEL DÍA

_____
_____
_____
_____

DIBUJO DEL DÍA

L M M J V S D   FECHA: ___/___/___

AGRADEZCO POR

1. _____
2. _____
3. _____

ALGUIEN ESPECIAL PARA MÍ Y POR QUÉ

_____

ME SIENTO ☐ 😄 ☐ 🙂 ☐ 😐 ☐ 🙁 ☐ ☹️

QUÉ FUE LO MEJOR DEL DÍA

_____
_____
_____
_____

DIBUJO DEL DÍA

L M M J V S D   FECHA: ___/___/___

AGRADEZCO POR

1. _____
2. _____
3. _____

ALGUIEN ESPECIAL PARA MÍ Y POR QUÉ

_____

ME SIENTO ☐ 😀 ☐ 🙂 ☐ 😐 ☐ 🙁 ☐ ☹️

QUÉ FUE LO MEJOR DEL DÍA

_____
_____
_____
_____

DIBUJO DEL DÍA

| L | M | M | J | V | S | D | FECHA: ___/___/___

AGRADEZCO POR

1. _____
2. _____
3. _____

ALGUIEN ESPECIAL PARA MÍ Y POR QUÉ
_____

ME SIENTO
☐ 😀 ☐ 🙂 ☐ 😐 ☐ 🙁 ☐ ☹️

QUÉ FUE LO MEJOR DEL DÍA

_____
_____
_____
_____

DIBUJO DEL DÍA

| L M M J V S D | FECHA: ___/___/___ |

AGRADEZCO POR

1. _____
2. _____
3. _____

ALGUIEN ESPECIAL PARA MÍ Y POR QUÉ

_____

ME SIENTO

☐ 😄   ☐ 🙂   ☐ 😐   ☐ 🙁   ☐ ☹️

QUÉ FUE LO MEJOR DEL DÍA

_____
_____
_____
_____

DIBUJO DEL DÍA

| L | M | M | J | V | S | D | FECHA: ___/___/___ |

AGRADEZCO POR

1. _____
2. _____
3. _____

ALGUIEN ESPECIAL PARA MÍ Y POR QUÉ

_____

ME SIENTO ☐ 😃 ☐ 🙂 ☐ 😐 ☐ 🙁 ☐ ☹️

QUÉ FUE LO MEJOR DEL DÍA

_____
_____
_____
_____

DIBUJO DEL DÍA

L M M J V S D   FECHA: ___/___/___

AGRADEZCO POR

1. _____
2. _____
3. _____

ALGUIEN ESPECIAL PARA MÍ Y POR QUÉ

_____

ME SIENTO ☐ 😀 ☐ 🙂 ☐ 😐 ☐ 🙁 ☐ ☹️

QUÉ FUE LO MEJOR DEL DÍA

_____
_____
_____
_____

DIBUJO DEL DÍA

| L | M | M | J | V | S | D | FECHA: ___/___/___ |

AGRADEZCO POR

1. _____
2. _____
3. _____

ALGUIEN ESPECIAL PARA MÍ Y POR QUÉ

_____

ME SIENTO

☐ 😀 ☐ 🙂 ☐ 😐 ☐ 🙁 ☐ ☹️

QUÉ FUE LO MEJOR DEL DÍA

_____
_____
_____
_____

DIBUJO DEL DÍA

L M M J V S D   FECHA: ___/___/___

AGRADEZCO POR

1. _____
2. _____
3. _____

ALGUIEN ESPECIAL PARA MÍ Y POR QUÉ

_____

ME SIENTO

☐ 😃 ☐ 🙂 ☐ 😐 ☐ 🙁 ☐ ☹️

QUÉ FUE LO MEJOR DEL DÍA

_____
_____
_____
_____

DIBUJO DEL DÍA